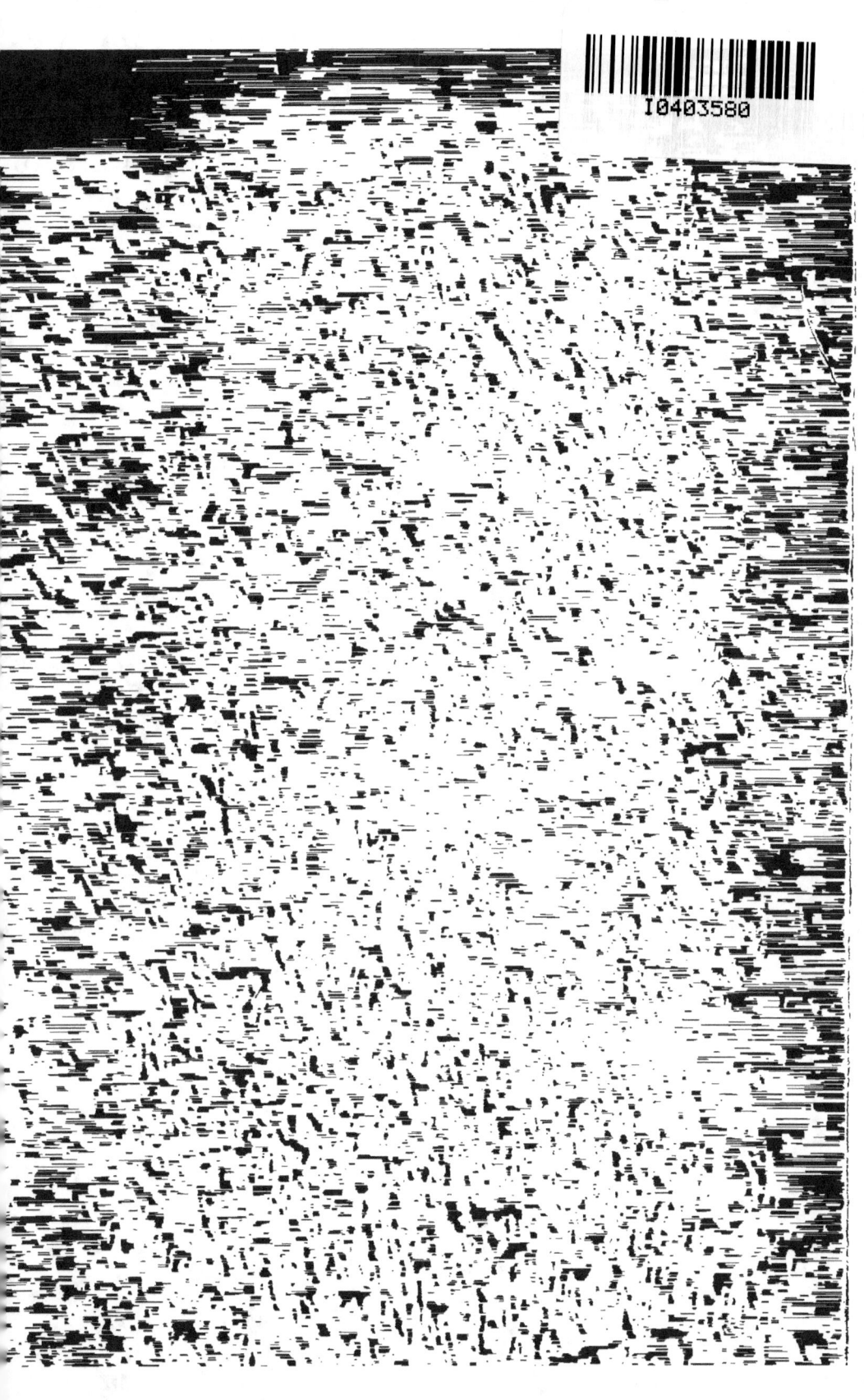

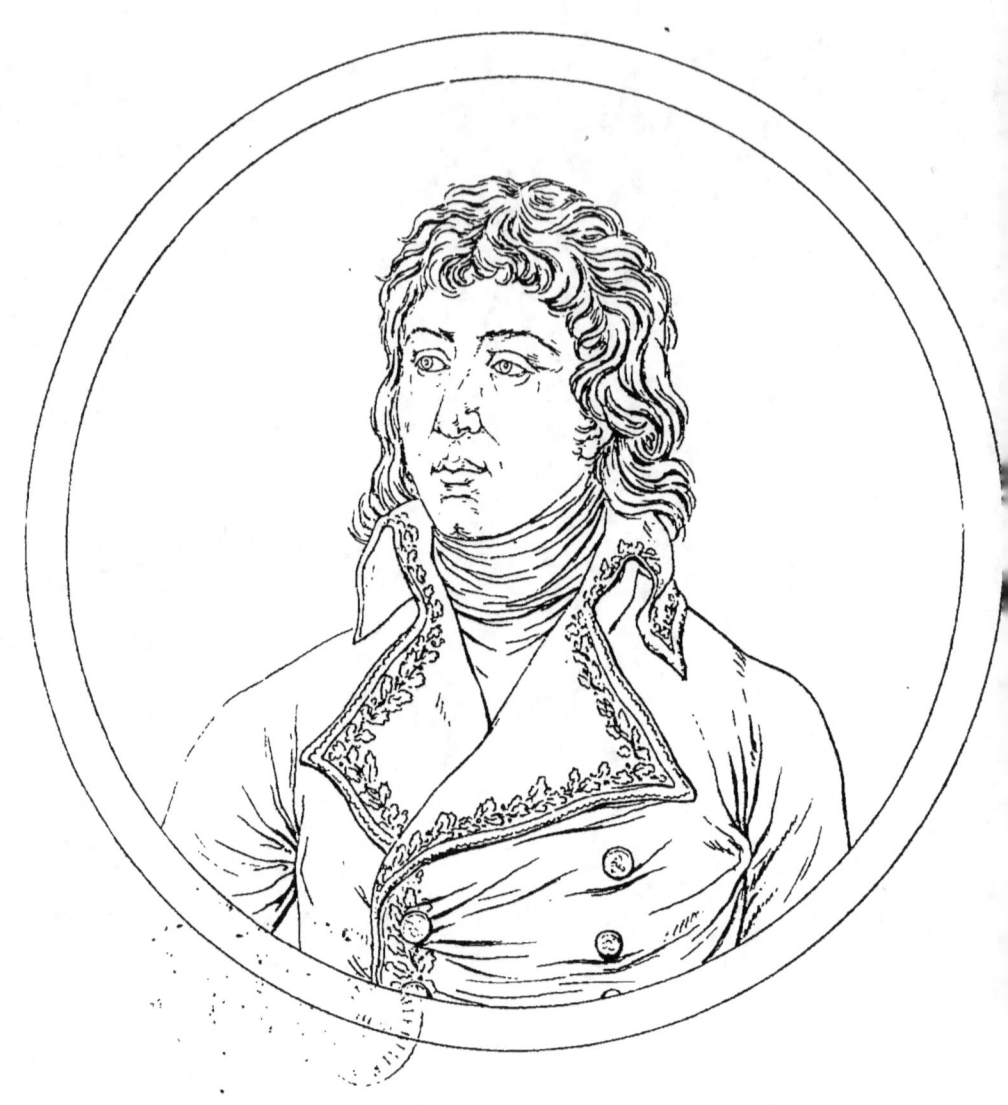

DESAIX

Né en 1769, à Veigoux en Auvergne,
mort à Maringo.

NOTICE

DES

DESSINS ET MODELES

EXPOSÉS DANS LA GALERIE

Du citoyen LEBRUN,

Rue du Gros-Chenet,

Pour le Concours d'un Monument élevé, par Souscription, à la gloire du général DESAIX.

PRIX, 75 centimes.

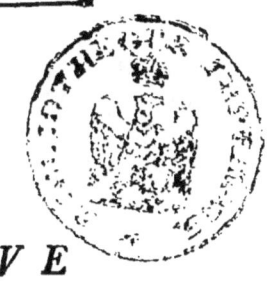

SE TROUVE

AU LIEU DE L'EXPOSITION.

---

16 Germinal an 9.

SOUSCRIPTION

POUR

ÉLEVER UN MONUMENT

En l'honneur du général DESAIX.

1°. CHAQUE Souscripteur s'inscrira pour une somme de 24 francs ou plus, et joindra son adresse à son nom.

2°. Les Souscripteurs se rassembleront dans le local indiqué la veille dans les Journaux, et nommeront, à la pluralité relative des voix, un comité de neuf personnes.

3°. Le Comité sera chargé de percevoir le montant des souscriptions ; il choisira les architectes et les dessins et plans qui lui paraîtront les plus convenables. Il fera tout ce qui dépendra de lui pour la plus prompte exécution.

4°. Le monument sera élevé dans le local que le Ministre de l'Intérieur voudra bien indiquer.

5°. Le nom des Souscripteurs sera imprimé dans *le Journal de Paris* et *le Moniteur,* et ensuite gravé sur une plaque de bronze fixée au monument.

L'Assemblée générale des Souscripteurs, convoquée le 7 thermidor dernier, en la salle du citoyen Lebrun, rue de Cléry, a nommé pour Membres de son comité,

LES CITOYENS:

PASTORET, *Président du Comité*, place de la Révolution , N°. 3.

DURAND, Architecte , Professeur à l'Ecole Polytechnique.

BELANGER, rue du fauxbourg Poissonnière, n°. 21.

DUQUESNOY, place du Palais Lég. n°. 68.

PERREGAUX, Membre du Sénat Conservateur, rue du Mont-Blanc.

LEBRUN, Commissaire – Expert du Musée Central des Arts , rue du Gros-Chenet.

LAROCHEFOUCAULT – LIANCOURT, Boulevard de la Madelaine, n°. 309.

ESPERCIEUX, Sculpteur, rue du Pot-de-Fer , fauxbourg Saint-Germain.

DELESSERT, *Secrétaire du Comité*, rue Coq-Héron, n°. 58.

Et pour Membres suppléans :

Le Général MORTIER, Commandant la 17°. Division Militaire, rue des Capucines.

DUFOURNY, de l'Institut national , au Musée Central des Arts.

DÉTOURNELLE, Architecte, rue de la Sourdière , n°. 106.

MATHIEU, Tribun, rue du Bacq, n°. 558.

N O T A.

Le Comité, dans sa séance du 24 ventose, a arrêté qu'il serait rédigé une notice des dessins et modèles exposés, que l'on placerait en tête le portrait du général Desaix ; on a seulement indiqué le numéro, la devise ou l'épigraphe de l'auteur, et, dans une note très-courte, désigné le style caractéristique et principal du monument ; quand l'espace l'a permis, on a extrait l'explication donnée par l'auteur.

PROGRAMME

Du Monument à ériger en l'honneur du Général DESAIX, aux frais d'une Société de Souscripteurs.

Dès que la Renommée eut publié la mémorable victoire de Marengo, et la perte de ce Général aussi habile que modeste, aussi juste que vaillant, dont le nom est honorablement lié aux brillans succès de cette journée ; des regrets universels et profondément sentis se mêlèrent à l'allégresse commune : on éprouva le besoin d'arrêter et de reposer sa pensée sur l'éclat et l'étendue de ce triomphe, pour qu'il ne parût pas chèrement acheté ; et la douleur, dans les premiers instans, sembla dérober quelque chose à l'admiration publique.

Mais les regrets et la douleur qu'inspire la perte d'un guerrier cher à la patrie et recommandable par ses talens et par ses

vertus , ne sont pas des sentimens éphé-
mères ni stériles : on dirait qu'ils partici-
pent de la nature de ceux qui animent les
héros eux-mêmes et s'aggrandissent avec
leur objet; ils aiment à s'étendre et à se
propager dans la durée comme dans l'espace ; ils s'adressent à tout ce qui peut
leur correspondre , à la postérité qui peut
les entendre : ils trouvent un adoucisse-
ment consolateur à se perpétuer par des
monumens durables : c'est la génération
présente qui s'empresse de transmettre un
grand nom aux générations futures.

Tels sont les sentimens qui ont donné
l'idée d'une Souscription pour consacrer
un monument à la gloire du brave et vertueux DESAIX; hommage intéressant et
libre , par lequel des citoyens en grand
nombre ont voulu signaler leurs affections
civiques et leur reconnoissance pour les
services éclatans qu'il a rendus à la Répu-
blique. Le zèle qui croit toujours avoir un
devoir à remplir quand il lui reste un desir
à satisfaire, ne s'est point cru dispensé de

payer sa dette individuelle par les sages dispositions que le Gouvernement prenait en même-temps pour acquitter la dette de la Patrie. Il a trouvé une jouissance de plus dans cet accord de l'Opinion et de l'Autorité.

Les Souscripteurs, dans leur assemblée générale du 7 thermidor, ayant nommé un Comité, le premier soin de ce Comité a dû être d'aviser aux moyens d'accomplir le vœu énoncé dans la Souscription même, en se réservant les soins et les détails administratifs que cette tâche comporte. Il a pensé que la voie d'un concours pour la partie d'art était la plus juste, la plus favorable à l'émulation et la plus propre à donner d'heureux résultats. Il fait en conséquence un appel au génie des Artistes et les invite à lui transmettre leurs projets, plans, dessins, modèles ou esquisses d'un Monument destiné à honorer la mémoire du Général DESAIX. C'est à l'idée d'un monument *d'utilité publique* que le Comité a cru devoir s'arrêter. Cette désignation précise a paru plus convenable pour fixer la pensée des Artistes et leur indiquer le but du concours. L'objet en étant mieux déterminé, sera plus heureusement rempli.

Le Sujet proposé est :

Une FONTAINE PUBLIQUE, destinée, par son ensemble et par ses ornemens, à rappeler les circonstances les plus mémorables de la vie du héros que la France regrette. Ce monument sera élevé à Paris, sur la PLACE DE THIONVILLE, ci-devant *Dauphine*, conformément à la permission qui a été accordée par le Gouvernement.

Les concurrens joindront à leurs projets un apperçu de la dépense, qui ne pourra excéder la somme de *vingt-cinq mille francs* ; cette condition est de rigueur. Ils sont invités à se conformer à l'échelle de 5 centimètres par mètre pour les dessins, et à celle d'un décimètre par mètre, pour les modèles.

Les Auteurs mettront une devise à leur ouvrage et y attacheront un billet cacheté contenant la même devise, et leur nom ainsi que leur demeure. Ce billet ne sera ouvert que dans le cas où l'ouvrage obtiendrait la préférence.

Les ouvrages destinés au concours seront envoyés (*franc de port*) au Cit. *Delessert*, Banquier, Secrétaire du Comité, *rue Coq-Héron*, N°. 58. Il donnera de chaque pièce un récépissé dans lequel il relatera la devise ou l'épigraphe, en y ajoutant un numéro qui constatera l'ordre de réception.

Le concours sera ouvert jusqu'au premier Pluviose prochain. (a)

Les projets et modèles seront exposés au public, avant le Jugement qui sera prononcé sur le mérite des ouvrages. Ces ouvrages seront jugés par un Jury d'artistes adjoint au Comité et désigné à cet effet par les concurrens eux-mêmes. Ceux-ci sont, en conséquence, invités à joindre à

(a) Sur la demande de plusieurs concurrens, le comité prolongea le terme jusqu'au premier Germinal an 9.

leurs projets et mémoires une liste des Artistes qu'ils desirent avoir pour Juges, au nombre de treize. Il sera formé sur le relevé de ces listes particulières et à la majorité, une liste définitive des personnes qui composeront le Jury, conjointement avec les Membres du Comité.

L'Auteur du projet qui obtiendra le prix sera chargé de l'exécution, sous la surveillance du Comité, et il sera décerné deux Accessits : le premier, d'une médaille d'or de la valeur de CINQ-CENTS FRANCS : le second, d'une de la valeur de TROIS CENTS FRANCS, aux auteurs des deux projets qui approcheront le plus du but, et qui en seront jugés dignes par le Jury.

Arrêté dans la séance du Comité,
du 12 Vendémiaire an 9.

Signé PASTORET, Président.
DELESSERT, Secrétaire.

NOTICE

DES DESSINS ET MODELES.

N°. 1er.

La France a de tout temps honoré la vertu.
Une Elévation.

Sur un soubassement quarré servant de fontaine, s'élève un groupe composé de deux génies pleurant la mort de Desaix : la France, figure allégorique, assise sur des rochers, tient le médaillon de Desaix qu'elle va couronner.

N°. 2.

Aussi-tôt négligé, je deviens inutile.
Trois dessins sous le même numéro.
Elévation, plan et coupe.

Monument en forme de tombeau, le soubassement servant de fontaine : sur la partie supérieure un piédestal portant une coupe jaillissante, dont le dessus est orné du buste de Desaix : la partie du milieu du monument est décorée d'un fronton d'ordre dorique, dont le tympan représente un bas-relief.

N°. 3.

Allez dire au premier Consul que je meurs avec le regret de n'avoir pas assez fait pour la postérité.

Deux dessins sous le même numéro.
Elévation et plan.

Monument en forme de tombeau engagé dans une enceinte remplie de chênes, de cyprès et de peupliers ; la face est ornée de guirlandes et d'inscriptions. Dans une niche demi-circulaire pratiquée sur le soubassement, trois urnes en bronze donnent de l'eau, entre, est le médaillon de Desaix avec une urne cinéraire de porphyre.

N°. 4.

Ils ne sont pas éclipsés les Arts, ils trouvent encore en France des amis et des protecteurs.

Cinq chassis sous le même numéro, deux élévations, un plan pris au-dessus du bassin, un autre pris sur le soubassement, une coupe et plan général.

Groupe posé sur un socle circulaire, le

soubassement triangulaire, à chaque angle un canon braqué, et au-dessous un lion en avant.

No. 5.

Arma Virum que Cano

Cadre et dessin sous le même numéro, élévation et Plan.

Cippe ; la partie supérieure ornée du buste de Desaix, l'inférieure d'un bas-relief; sur le soubassement, deux lions jetant de l'eau dans une cuve.

No. 6.

A Desaix les Parisiens reconnoissans.

Six dessins en feuilles, sous le même numéro, trois élévations ,une coupe et deux Plans.

Un obélisque s'élève sur un piédestal, la base est un rocher, en avant l'auteur a placé la proue du vaisseau l'Egyptien, arrivé à Toulon le 13 floréal an 8, le pont est orné des attributs de la marine marchande et militaire; sur la face opposée

Desaix appuyé sur un tambour, prononçant ces dernières paroles : *je meurs sans avoir assez. . . etc...*

N°. 7.

Puro è fonte boni decurrit origo malorum.

Modèle en bois.

Sur un piédestal Desaix est représenté mourant soutenu par un soldat qui étanche le sang de sa blessure ; le dez du piédestal est orné sur chaque face de deux renommées, d'un bas-relief et d'inscriptions : dessous le soubassement un lion à moitié engagé dans une niche verse de l'eau dans une cuve.

N°. 8.

Même devise que le précédent.

Un modèle en terre cuite.

Sur un piédestal s'élève un groupe représentant Desaix mourant dans les bras de la Victoire qui lui fait voir la couronne de l'Immortalité ; aux deux côtés des lions versent de l'eau dans des cuves.

Nᵒ 9.

Aux grands hommes la patrie reconnaissante.

Un cadre, un chassis et un carton sous le même numéro.
Élévation, Plan et une vue perspective.

Monument quarré à ante d'ordre dorique, terminé par un fronton ; entre les deux antes, sur la face, un bas-relief, la France et l'Egypte couronnant Desaix : en avant du soubassement une coupe jaillissante et deux lions jetant de l'eau.

Nᵒ. 10.

Honneur du nom français, modéle des guerriers,
Il fut grand sur le Rhin, sur le Nil il fut juste,
Le Pô, le Tanaro, sur sa dépouille auguste,
De l'immortalité déposent le laurier.

Quatre chassis sous le même numéro. Deux élévations latérales et de faces, une coupe, un plan et un plan général.

Un obélisque terminé en forme de tombeau orné d'inscriptions ; la base servant de fontaine est décorée sur les deux faces principales des deux fleuves, le Po et le Tanaro. Au bas de l'obélisque, l'urne de Desaix sur un trophée.

N°. 11.

Sa gloire passera la postérité.

Élévation, Plan, face latérale.

Ce monument est divisé en trois parties. La partie supérieure représente un sarcophage orné d'un bas-relief et de faisceaux, celle du milieu un bas-relief et des trophées. La destination de la partie inférieure servant de soubassement est réservée à l'usage d'une fontaine.

N°. 12.

En combattant pour défendre la Patrie, Le brave et vertueux Desaix perdit la vie.

Deux dessins sous le même numéro.

Obélisque élevé sur un large socle rustique, dans lequel est engagée une cuve de granit rose ornée de guirlandes. Deux figures de fleuve en bronze y versent de

B

l'eau, au-dessus un bas-relief composé
d'un bossage en marbre orné de figures
de bronze, sur les parties supérieures de
l'obélisque une table attachée avec des
rosettes dorées.

N°. 13.

Des idées naissent les pensées.

Modèle en bois.

Ce monument dans la partie supérieure
consiste en un obélisque de granit gris,
celle du milieu en un tombeau orné de
quatre bas-reliefs en bronze, la partie inférieure sert de soubassement, les quatre
angles sont flanqués de massifs ornés d'une
tête de lion jetant de l'eau.

N°. 14.

Un projet sans devise signé de son Auteur.

Plan, coupe et élévation.

Une portion de sphère sert de base à
un cippe sur lequel est une vasque versant de l'eau ; le lauréol et le simper vi-

rens sont disposés sur des barres de fer marquant les dégrés de manière à former la sphère entière , des mascarons et une urne cinéraire servent de couronnement : sur les côtés deux sphinx servent de fontaine.

N°. 15.

La victoire aime et accompagne la valeur.

Deux dessins sous le même numéro.

Sur un soubassement triangulaire de granit , s'élève un sarcophage de même matière , couronné par un socle circulaire qui supporte une coupe jaillissante ; de dessous le sarcophage sort de l'eau qui tombe dans une cuve ornée de trois têtes de lion.

N°. 16.

L'amour de la Patrie doit être sans bornes.

Deux dessins sous le même numéro. Elévation et plan.

Sur un socle exagone de granit, s'élève un piédestal de même matière couronné

B 2

par une coupe jaillissante; sur la face du piédestal un bouclier en bronze orné d'inscriptions. L'eau est fournie à la fontaine par une ouverture pratiquée dessous le piédestal.

N°. 17.

J'aimais à vivre pour ma Patrie, et je suis mort pour elle.

Deux dessins sous le même numéro. Elévation et plan.

Sur un soubassement circulaire de granit servant de fontaine, s'élève un aubus en bronze orné de trophées et d'objets, symboliques. La bouche de l'aubus vomit un jet d'eau.

N°. 18.

Les arts aiment à rendre hommage aux héros.

Deux dessins sous le même numéro. Plan et élévation.

Sur un stylobate triangulaire de granit s'élève un monument de même forme, ayant à chaque angle une colonne d'ordre dorique, dans la partie supérieure deux renommées tiennent le buste de Desaix, plus bas, trois lions dans des niches quarrées distribuent de l'eau dans un bassin circulaire formant soubassement. Sur la plate-forme un trophée.

N°. 19.

Je suis presque au rang des brouillons,
Qui gâtent les plus belles choses;
Qui se piquent aux aiguillons,
Et ne cueillent jamais les roses.

*Elévation, plan, coupe et face sur la ligne **CD** du plan.*

Sur un soubassement dont la partie du milieu est divisée par sept trous demi-circulaires où sont figurées des congellations, s'élève un groupe de deux figures au milieu desquelles est le buste de Desaix. Ce monument est entouré d'arbres, deux sphinx aux pieds jettent de l'eau.

N°. 20.

Certes la renommée a vu de tous ses yeux,
La gloire que par vous la France a méritée,

Et pour la publier elle vole en des lieux
Où ses aîles encore ne l'ont jamais portée.

Elévation, plan et coupe.

Un tombeau quarré orné dans la partie supérieure de sablières et de torches renversées et liées par une guirlande. Le soubassement sert de fontaine. Ce monument est entouré de cyprès.

N°. 21.

Son dévouement pour la patrie l'a conduit à l'Immortalité.

Elévation et plan.

Cippe orné d'inscriptions, terminé par le buste de Desaix. Dans la partie inférieure sur chaque face, un masque jette de l'eau dans une cuve.

N°. 22-

Sa vertu égala son courage.

Elévation et plan.

Tombeau orné d'un bas-relief placé sur un socle allongé, couvert d'inscriptions, servant de réservoir. L'eau tombe du milieu d'une couronne dans une cuve placée devant le soubassement.

N°. 23.

Mourir pour la patrie
Est le sort le plus beau , le plus digne d'envie.

Elévation et plan.

Le buste de Desaix, élevé sur un piédestal terminé par un fronton. Dans la frise , deux fleuves posés sur un rocher d'où sort l'eau qui tombe dans une cuve circulaire, placée devant le socle du piédestal.

N°. 24.

Heureux qui meurt en s'illustrant.

Elévation et plan.

Monument avec enceinte demi-circulaire ornée d'inscriptions ; sur la face deux Renommées couronnent le buste de Desaix ; le socle sert de fontaine.

B 4

N°. 25.

Victime de l'Autriche il vole à l'Immortalité.

Elévation et plan.

Sur un piédestal allongé, terminé par une corniche, avec des triglyphes, s'élève la statue de Desaix en bronze; il a le costume français. Le soubassement sert de fontaine, deux cyprès sont à côté du monument.

N°. 26.

Mourir pour la patrie est un si digne sort
Qu'on briguerait en foule une aussi digne mort.

Elévation et plan.

Monument quarré terminé par un fronton et élevé sur un socle servant de fontaine; la frise ornée de bas-reliefs, et au-dessous des inscriptions placées entre des piques.

N°. 27.

Il s'illustra lui-même.

Elévation et plan.

Cippe. — La partie circulaire ornée d'un

buste de Desaix couronné par deux Renommées sculptées en bas-reliefs; du milieu du cippe, de l'eau tombe dans une cuve placée vis-à-vis le socle.

N°. 28.

A vaincre sans péril on triomphe sans gloire.

Elévation, plan et face latérale.

Monument quarré ayant trois parties, la première une petite loge sous laquelle est le buste de Desaix, ensuite le dez orné de couronnes et d'inscriptions; en bas trois têtes jetant de l'eau dans une cuve.

N°. 29.

Aux mânes de Desaix.

Elévation.

Un obélisque terminé par quatre étoiles, dans la partie inférieure un socle dont chaque face est ornée d'une tête de lion jetant de l'eau dans une cuve; au bas de l'obélisque des inscriptions divisées par des piques.

N°. 30.

Aussi-tôt négligé je deviens inutile.

Quatre dessins, plans, coupes et deux élévations.

Un temple rond d'ordre dorique sur un soubassement en forme de tombeau. Au milieu du temple, une petite coupe sur un piédestal.

N°. 30 , *bis.*

Même devise que le numéro précédent.

Une élévation.

Un tombeau terminé par un obélisque; le soubassement sert de fontaine, au-dessus un attique terminé par un fronton, dont le tympan est orné d'un bas-relief, représentant deux fluves.

N°. 31.

Desaix guerrier sans peur et sans reproche.

Deux dessins sous le même numéro. Plan et élévation.

La muse de l'histoire élevée sur un piédestal trace les faits de Desaix ; plus bas

deux sphinx jettent de l'eau par leurs ma-
melles dans une cuve de granit, les piédestaux qui les portent sont ornés de
bas-reliefs, le soubassement sert de fontaine.

N°. 32.

Ære perennius.

Trois chassis sous le même numéro. L'élévation,
le plan pris au-dessus de la fontaine et un plan
général.

Petit temple quarré soutenu par quatre
colonnes ornées d'un chapiteau égyptien,
et posées sur un socle décoré de Renommées, et du portrait de Desaix. Au-dessous
quatre vasques reçoivent l'eau de quatre
têtes de fleuves. Sous le temple, Bellone
ayant déposé les armes, gémit sur l'urne
du héros.

N°. 33.

Honorer les braves c'est former des héros.

Deux dessins sous le même numéro. Elévation et
coupe.

Sur un socle dont le soubassement sert
de fontaine s'élève un palmier au pied du-

quel une Renommée trace l'histoire de Desaix. Cette figure est entourée de trophées et de génies.

N°. 34.

L'émulation est le soutien de l'espérance

Deux dessins sous le même numéro.

Sur un piédestal quarré au milieu d'un bassin oval., se groupent deux fleuves présentant à l'immortalité le médaillon de Desaix ; de l'urne de ces fleuves coulent des nappes d'eau dans le bassin.

N°. 35.

Sic itur ad astra.

Un chassis et dessin sous le même numéro.

Un obélisque quarré sur un piédestal rond, ensuite un soubassement triangulaire servant de fontaine.

N°. 36.

La France et l'Egypte pleurent sa perte au sein de ses victoires, offrant son image à la postérité.

Une élévation.

Monument quarré terminé en forme de

tombeau. Le piédestal sur lequel il pose sert de fontaine. Sur la face de ce monument deux figures, l'Egypte et la France soutenant le buste de Desaix, gravé sur un bouclier, pleurant la perte de ce grand homme.

Nº. 37.

Telle est la guerre enfin,
Mars dans ses jeux sanglans,
Moissonne les vertus,
Et fait grâce aux méchans.

(Philoctete, acte 2.)

Un cadre et un dessin sous le même numéro. Elévation, coupe, plan, plan général, élévation latérale, deux élévations à part du piédestal.

Groupe sur un piédestal quarré, Desaix expirant dans les bras d'un guerrier. Sur le dez une figure aîlée traçant les dernières paroles de Desaix, au-dessous du socle, un bassin circulaire sur lequel sont posés vingt lions distribuant de l'eau.

Nº. 38.

La France et l'Egypte pleurant sa perte.

Plan et élévation.

Tombeau élevé sur un piédestal de

forme alongée, dont la base sert de fontaine. Aux deux cotés deux cippes engagés,
et sur lesquels se continue la corniche du
piédestal, soutiennent l'Egypte et la France
pleurant la perte de Desaix.

N°. 39.

Je n'aime pas l'embarras, mais l'utile.

Un modèle en plâtre.

Colonne sur un piédestal servant de
fontaine, le buste orné de faisceaux et
d'inscriptions, sur le chapiteau une bombe
soutenant un casque, à côté quatre dra-
peaux.

N°. 40.

La vertu du héros fait triompher la France.

Modèle en bois.

Sur un tombeau servant de fontaine et
orné de bas-reliefs et d'inscriptions, s'é-
lève un petit temple soutenu par quatre
termes, le buste de Desaix au milieu. Les
deux termes de la principale face ont des

têtes de guerriers, leurs opposées ont des têtes de femme.

N°. 41.

Le défenseur de la patrie a des droits à la reconnaissance publique.

Modèle en bois.

Sur un socle quarré, s'élève un monument ayant aux angles quatre colonnes
doriques soutenant un entablement décoré
d'un fronton. Au bas de la face principale
est le buste de Desaix, avec un bas-relief
au-dessous, sur le stylobate aux , deux
côtés, sur le socle , sont deux fleuves.

N°. 42.

Les arts comme les sciences retracent à la postérité
les hauts faits des héros, et ajoutent à l'instruction
publique en formant les sentimens à la vertu.

Modèle en bois.

Sur un piédestal en forme de tombeau
orné aux angles de faisceaux, aux faces,
d'inscriptions et de bas-reliefs, s'élève la

statue de Desaix, vêtu en général, la tête coiffée d'un chapeau orné de son panache.

N°. 43.

La valeur et la vertu ont des droits à la reconnaissance publique.

Modèle en bois.

Sur un socle quarré dont les faces latérales servent de fontaine, s'élève un piédestal orné de bas-reliefs. Les autres faces sont décorées chacune d'un fleuve. La statue de Desaix vêtu à la française est posée dessus.

N°. 44.

Ainsi que le vertueux Decius, il se dévoua pour sauver sa patrie.

Deux cadres et deux chassis sous le même numéro. Élévation, un plan du premier et un du second ordre, élévation perspective et plan général.

Sur un stylobate s'élève un monument composé de deux ordres; le dorique au-dessous. Des colonnes d'un style égyptien, au-dessus; le tympan du fronton de la partie supérieure qui est à jour, est décoré d'un bas-relief, au-dessous le buste de Desaix; la partie inférieure est ornée d'inscriptions. Une tête de Méduse sur un bouclier de bronze verse de l'eau.

No. 45.

Honos alit artes.

Elévation et plan.

Desaix sous l'emblême d'un héros. **La** face principale ornée d'inscriptions, à côté deux cuves ombragées de deux cyprès fournissent de l'eau à un bassin demi-circulaire placé au pied.

No. 46.

Si le projet a besoin d'explication, le but est manqué.

Modèle en terre.

Sur un socle quarré servant de fontaine et orné d'inscriptions , s'élève un trophée sur la face duquel Desaix est placé sous la figure d'un terme.

C

N°. 47.

Qui veut mourir ou vaincre est vaincu rarement.

Elévation, plan et plan général.

Le buste de Desaix placé sous un temple quarré de quatre colonnes. Sur le stylobate des inscriptions. Le soubassement servant de fontaine ayant aux quatre angles un piédestal allongé supportant un trophée.

N°. 48.

Dulce et decorum est pro patria mori.

Élévation et plan.

Tombeau de forme quarrée, élevé sur un socle servant de soubassement et de fontaine. Le dessus du tombeau représente une Renommée écrivant l'histoire de Desaix.

N°. 49.

La mort du héros éternise sa gloire.

Élévation, coupe et plan.

Sur un stylobate quarré s'élève un temple

ayant quatre colonnes d'ordre corinthien ;
au milieu Desaix mourant couronné par
les mains de la victoire, sur chaque face,
une cuve demi-circulaire reçoit l'eau d'un
mufle de lion.

Nº. 50.

La vie qui roule avec la fortune ressemble à un tor-
rent dont l'eau est trouble, bourbeuse, dangereu-
se, violente et passagère; mais l'ame qui se nourrit
de la vertu, ressemble à une source fournissant
une eau pure, claire, saine, abondante et qui ne
tarit jamais. (*Epitecte dans Stobée.*)

*Deux cadres sous le même numéro. Elévation et
plan.*

Devant une cuve éxagone s'élève un
pillier quarré sur lequel pose un bas-relief, dont les côtés saillans sont soutenus
par une console. La face du pillier est
ornée d'inscriptions, et dans la partie inférieure une petite vasque saillante verse
l'eau dans une grande cuve.

N°. 51.

Les dieux t'ont laissé vivre assez pour la mémoire, trop peu pour l'univers. (*J.-B. Rouss.*)

L'élévation, le plan, le dessin d'un bas-relief, et une petite vue perspective.

Monument de forme circulaire ; sur un socle servant de premier soubassement et de bassin posé dessus une marche, s'élève un deuxième soubassement orné de mufles jetant de l'eau. Dans le feston du milieu, un coq posé sur une branche de laurier. Au - dessus du piédestal orné de bas-reliefs et d'inscriptions, le groupe principal ; Desaix, sous la figure d'un terme, symbole de l'immortalité, est couronné par le génie de la France, qui a sous ses pieds les trophées conquis par le héros.

N° 52.

Je meurs où je m'attache.

Elévation de face et latérale, plan et une petite vue perspective.

Monument en forme de tombeau dont

le soubassement sert de fontaine ; les deux faces principales sont ornées de bas-reliefs.

Nº. 53.

Il a bien mérité.

Un modèle en bois et terre bronzée.

Sur un piédestal quarré, dont les faces lattérales se terminent par des portions de cercle, s'élève un groupe représentant un fleuve et un génie armé d'un casque et d'un bouclier, tenant le médaillon de Desaix.

Nº. 54.

A la mémoire de Desaix.

Modèle et un chassis sous le même numéro. Elévation de face et latérale, plan du monument et plan général.

Sur un piédestal quarré, orné de bas-reliefs, s'élève un sphéroïde supporté par quatre lions, qui jettent de l'eau dans des cuves. Desaix est nu et debout sur un socle quarré au milieu.

N°. 55.

La paix et les arts.

L'élévation et le plan.

Un piédestal sur lequel Desaix est debout nu et ceint de son épée ; le dessus est orné de trophées, deux lions sur chaque face placés en avant du soubassement jettent de l'eau.

N°. 56.

Amour de la patrie.

Un chassis et un modèle sous la même devise.

A travers une vasque jaillissante que supportent quatre lions, s'élève un obélisque orné de caractères symboliques; sur le sommet est assis la figure de Desaix sous l'emblême d'un guerrier; une cuve servant de soubassement reçoit l'eau de la vasque pour ensuite être distribuée au public.

N°. 57.

Le triomphe de la valeur.

Élévation sur la face, élévation latérale et plan.

Sur le socle supérieur d'un piédestal

Desaix est représenté assis, costumé en guerrier romain, dans l'attitude de commander, le dez est orné de faisceaux, couronnes et inscriptions; le soubassement sert de fontaine : une urne au milieu fournit de l'eau au public.

No. 58.

Hommage à la vertu.

Un chassis et un dessin sous le même numéro. Deux plans, coupe, élévations latérales et de face; plan général.

Un arc triomphal, terminé par un fronton et soutenu par quatre colonnes canelées d'ordre dorique, s'élève sur un stylobate quarré. Dessous, la statue de Desaix vêtu en guerrier, assis sur un trophée. Le stylobate est orné de bas-reliefs représentant le Nil et l'Eridan ; au milieu du soubassement, sur la face principale, une urne sert de fontaine.

C 4

N°. 59.

Reconnaissance publique.

Sur un socle dont chaque côté supporte deux lions, s'élève un piédestal en forme de tombeau décoré de faisceaux et de boucliers. Ce monument est terminé par une figure de Desaix, représenté nu et assis sur un trophée.

N°. 60.

Modestie et courage.

Un modèle en terre.

Sur un socle quarré servant de fontaine, s'élève une vasque supportée par quatre chimères ; la statue de Desaix est au milieu sous la figure d'un Hercule.

N°. 61.

J'aime la gloire des beaux-arts.

Elévation, avec six esquisses sous le même numéro.

Sur un stylobate orné de figures terminées en rinceaux, et tenant le mé-

daillon de Desaix, s'élèvent des carya-
tides appuyées à des pilastres soutenant
un entablement, aux angles duquel sont
des génies ; au milieu, sous le temple,
l'urne de Desaix couronnée d'étoiles.

N°. 62.

**O ! combien la France affaiblie pleura d'illustres
défenseurs.**

Trois chassis sous le même numéro.

Un piédestal rond supportant un groupe
posé sur une portion de sphère. Le général
assis, après avoir reçu le coup mortel,
prononce ces paroles : *Allez dire*, etc. Une
Renommée le couronne. Au pied du monument un bassin sert de fontaine ; six
coqs fournissent chacun un jet d'eau d'un
pouce pour le service du public.

N°. 63.

La vertu et le courage honorés.

Trois chassis sous le même numéro.

Plan , coupe et élévation.

Temple circulaire d'ordre corinthien,

à jour et sans voûte ; Desaix au milieu , debout , dans l'attitude de commander. Sur le stylobate quarré, en face , six têtes de lion jettent de l'eau dans une cuve pour l'usage du public , et sur les côtés dans un bassin.

N°. 64.

Un projet sans devise signé de son auteur.

Elévation du plan.

Sur un soubassement servant de cuve , s'élève un stylobate avec cette inscription : *A Desaix , la patrie reconnaissante.* Sur les côtés , deux lions jettent de l'eau. Au-dessus, le monument orné de trophées et de figuresest terminé par une statue de Minerve.

N°. 64. (*bis.*)

Un second projet du même auteur que le numéro 64, avec quelques variétés.

Nº. 65.

Quand on meurt pour la gloire, on revit dans l'estime.

Elévation de face et latérale , plan et coupe , plan général.

Petit temple auquel on monte par cinq degrés ; les murs extérieurs ornés de bas-reliefs. Au milieu, un sarcophage sur lequel Desaix est représenté au moment où il est atteint du coup mortel.

Nº. 66.

L'hommage qu'on rend à un grand homme est une dette qu'on acquitte.

Elévation, coupe et plan général.

Pyramide quarrée, ornée de bas-reliefs symboliques. La base, en forme de tombeau , sert de fontaine sur laquelle on lit : *Leur source est dans nos regrets.*

Nº. 67.

Il fut juste, il était vertueux.

Elévation et plan.

Ce monument composé de deux tom-

beaux, sert de fontaine dans la partie inférieure. La partie supérieure est ornée de
deux figures allégoriques, représentant
l'Égypte et la France tenant, sur le buste
de Desaix, la couronne de l'immortalité.

No. 68.

Rien pour la gloire, tout pour la patrie.

Elévation et plan.

Monument quarré soutenant un tombeau ; sur le socle, trois têtes de lion distribuant l'eau au public : au-dessus, sont
placées des inscriptions. Le tombeau est
décoré de deux fleuves, dont l'urne au
milieu verse l'eau dans une cuve. La partie
supérieure est terminée par le buste de
Desaix.

No. 69.

Il mourut couvert de gloire.

Elévation et plan.

Obélisque quarré élevé sur un piédestal
d'un style égyptien ; le dez du piédestal

est orné de deux figures, représentant la même idée que le numéro 67, mais placées d'une autre manière. La base sert de fontaine ; deux lions versent l'eau dans une vasque demi-circulaire.

Nº. 70.

Les grandes actions élèvent l'homme au-dessus de ses contemporains.

Deux chassis sous le même numéro.

Elévation, plan et coupe.

Piédestal d'une forme alongée, sur le haut duquel est un petit temple renfermant l'urne de Desaix, terminé par un fronton ; au-dessous de la corniche, sur chaque face, deux têtes de lion versent l'eau dans une grande cuve, qui sert de soubassement.

Nº. 71.

Jamais de devise.

Elévation, plan, coupe et plan général, et modèle sous le même numéro.

Dans un bassin quarré, s'élève un mo-

nument à ante d'ordre dorique posé sur
un stylobate, orné sur la face principale
d'un bas-relief, et du buste de Desaix
couronné et placé dans une niche entre
les deux pilastres : au-dessus, des inscriptions ; et autour de la niche, des trophées
en bas-relief.

N°. 72.

Sa mort excite nos regrets.

Deux dessins sous le même numéro.

Plan et élévation.

Tombeau ornée de trophées en bas-
reliefs, et élevé sur un soubassement servant de réservoir, pour fournir à un
bassin décoré de têtes de lions qui jettent
de l'eau.

N°. 73.

Au héros que la France regrette.

Deux dessins sous le même numéro.

Plan et élévation.

Cippe élevé sur un socle qui sert de

fontaine. Dans la partie supérieure , au-
dessus de la corniche , le buste de Desaix.

N°. 74.

A Desaix.

Deux dessins sous le même numéro.

Elévation , plan et fragment de la face latérale.

Cippe posé sur un soubassement. Chaque face, ornée de deux lions qui jettent
de l'eau dans des vasques ; la partie supérieure ornée du buste de Desaix entouré
d'une couronne ; au - dessous, diverses
inscriptions séparées par des couronnes.

N°. 75.

Les hommes sont égaux ; ce n'est pas la naissance,
c'est la seule vertu qui fait leur différence.

Deux dessins sous le même numéro.

Plan et élévation.

Monument quarré d'un style égyptien;
dans une niche de même forme , une figure

de même style tient dans chaque main la conduite du jet d'eau ; au-dessous, des têtes de lion remplissent un bassin. Les faces du monument sont ornées de figures symboliques sculptées en creux.

N°. 76.

A la reconnaissance.

Deux dessins, élévation principale, élévation, perspective et plan.

Monument quarré à ante terminé par un fronton. Le premier bassin est orné de piédestaux aux angles décorés de trophées en relief. Entre ces mêmes piédestaux, sur la face principale, le stylobate a pour ornement des trophées d'armes en bas-relief. Des lions versent l'eau de ce bassin dans une cuve à l'usage du public.

N°. 77.

Honneur à son courage.

Deux dessins, plan et élévation.

Monument quarré orné de pilastres, entre lesquels sont divers bas-reliefs ; au-dessous de celui du milieu, sur chaque face, une tête de lion jette de l'eau sur un socle, d'où elle retombe en nappe dans un bassin. Sur la partie supérieure du monument, au milieu, plusieurs vasques formant une pyramide jaillissante.

N°. 78.

Les monumens sont seuls des témoins irréfragables.

Modèle en bois et cire.

Monument quarré orné dans la partie supérieure de bas - reliefs ; au - dessus, s'élève un tombeau en granit rose, sur lequel est posé le buste de Desaix. Deux figures en pied, Minerve et la Renommée, accompagnent ce buste.

N°. 79.

La mort a des rigueurs à nulle autres pareilles.

Élévation et plan.

Arc de triomphe composé de deux massifs dont l'évidement sert d'escalier et

D

de réservoir. Ils sont ornés de quatre colonnes d'ordre dorique ; sur l'attique, un
bas-relief; sur le sophite quarré du milieu,
Desaix est debout dans l'attitude de commander. Plus bas , sur chaque face, une
cuve reçoit les eaux que jettent des têtes,
emblêmes des fleuves témoins des victoires
du général.

N°. 80.

La reconnaissance est une vertu.

*Trois chassis sous le même numéro. Deux élévations
des faces principales avec le plan et coupe des
grandes cuves , détails de têtes de fleuves, deux
élévations latérales , avec les grandes cuves, deux
élévations latérales avec leur suppression.*

Sur un stylobate quarré, s'élève un sarcophage, dessus la partie qui le ferme est
posée une urne couronnée de laurier; sur
les faces principales quatre bas-reliefs ,
deux au sarcophage et deux sur le stylobate; au bas de la face principale une
cuve sur laquelle deux masques de fleuves
jettent de l'eau.

No. 81.

It cruor inque humeros cervix collapsa recumbit.

(*Virgile.*)

Deux cadres sous le même numéro. Élévation et plan.

Sur un soubassement pentagone servant de fontaine, s'élève un piédestal circulaire orné de couronnes et de torches funèbres. Le monument est terminé par un groupe représentant Desaix mourant dans les bras de l'un de ses aides-de-camp.

No. 82.

Simplicité, vertu et gloire.

Sous le même numéro trois cadres, élévation de face et laterale, plan.

Piédestal de granit, la figure pédestre de Desaix dans l'attitude de commander; sur le dez une inscription placée entre deux épées. Au bas du socle une tête de fleuve verse l'eau dans une cuve, les parties latérales sont ornées d'inscriptions.

D 2

N°. 83.

Ce héros unissait au printemps de son âge
Les talens du guerrier et les vertus du sage.

Une élévation et le plan.

Vasque jaillissante posée sur un pied circulaire ornée d'inscriptions, au milieu la victoire et la paix couronnent le buste de Desaix.

N°. 84.

Ne crains pas que l'oublí détruise ta mémoire ;
Une si belle mort suffirait pour ta gloire.

L'élévation et un plan.

Piédestal orné d'un trophée, sur le dez deux victoires couronnent le buste de Desaix sculpté en ronde bosse ; un bassin circulaire, dans lequel deux lions jettent de l'eau, entoure le monument, l'Onde en est rafraîchie par une rangée de six peupliers placés derrière ce monument.

Nº 85.

France, je meurs pour toi, ne pleures pas ma mort,
Je te vois triomphante et je bénis mon sort.

Élévation, plan et plan général.

Piédestal orné du buste de Desaix couronné de lauriers, sur le dez, l'épée victo-
rieuse du héros. Le soubassement orné de
deux lions sert de fontaine, deux cyprès
décorent ce monument.

Nº. 86.

Vainqueur des nations par ses brillans exploits,
Aux cœurs par les vertus il imposa des loix.

Élévation, plan et plan général de la place.

Cippe orné du médaillon de Desaix, et
au-dessous d'une Renommée traçant les
victoires de Desaix. En avant du soubassement décoré de trophée, deux lions
jettent de l'eau dans un bassin demi-circulaire; deux cyprès ornent ce monument.

D 3

N°. 87.

Judicibus honos.

Élévation principale, élévation latérale, coupe et plan.

Un monument quarré soutenu par quatre pilastres doriques dont les bases sont ornées de trophées, sous ce monument une vasque jaillissante, au-dessus du soubassement servant de fontaine, le stylobate orné d'un bas-relief sur chaque face.

N°. 88.

Desacidem flendo nimphæ dant civibus undas.

Deux cadres et un chassis sous le même numéro; élévation, coupe, plan et petite élévation, perspective en forme de médaille.

La nymphe de la Seine sur un piédestal distribue ses eaux aux habitans, elle est adossée contre un mur qui se prolonge en forme d'enceinte; l'intérieur est orné de deux rangs de gradins et rafraîchi par l'ombre de deux peupliers, l'extérieur est décoré de bas-reliefs et d'inscriptions.

N°. 89.

Nimpharum lacrimœ populi vertuntur in usum.

Chassis et dessins sous le même numéro.

Monument de style égyptien. En avant d'un mur, où l'appareil des pierres est tracé, deux colonnes portent un entablement sur lequel on lit l'inscription : *il rendit l'Égypte aux arts.* — Entre les colonnes est représenté le héros assis tenant une branche de laurier, le stylobate au-dessous sert de fontaine.

N°. 90.

In sublime feror bello sic fertur ad astra desacius patriœ laus decus et columen.

Un chassis et deux dessins cartonnés sous le même numéro.

Monument quarré et triomphal , au-milieu une niche. Les deux faces princi-

D 4

pales sont décorées par des coupes jail-
lissantes qui versent l'eau dans un bassin
d'où elle s'écoule dans une vasque servant de socle au soubassement. Au-milieu de l'attique le buste de Desaix accom-
pagné de bas-reliefs et de trophées.

N°. 91.

A la mémoire de Desaix.

L'élévation, le plan et plan général.

Un obélisque sur un piédestal dont le
socle sert de fontaine jaillissante dans une
vasque, sur les faces de l'obélisque plusieurs Renommées s'élèvent successive-
ment à l'immortalité, elles sont séparées
par des inscriptions.

N°. 92.

A la mémoire de Desaix.

L'élévation, plan et plan général.

Colonne avec un chapiteau palmier orné
d'inscriptions, sur ce chapiteau une vic-

toire aîlée, dessous, sur une sphère le soubassement de la colonne servant de fontaine, composé de lion rangés les uns auprès des autres, d'une manière excentrique et versant de l'eau dans une vasque.

N°. 93.

A la mémoire de Desaix.

Elévation, plan et plan général.

Piédestal. La figure de Desaix debout dans l'attitude de commander. Sur le socle supérieur l'eau tombant dans une vasque qui entoure le socle inférieur.

N°. 94.

A la mémoire de Desaix.

Plan et élévation, plan général.

Un tombeau quarré placé sur un soubassement servant de fontaine dont l'eau tombe dans une vasque circulaire.

N°. 95.

Son illustre valeur, fit ses soldats vainqueurs.

Une élévation et plan.

Monument en forme de tombeau orné d'un fronton d'ordre dorique; la fontaine est placée dans le soubassement.

N°. 96.

La simplicité sied à la vertu.

Elévation et plan.

Sur un socle quarré servant de fontaine s'élève un monument terminé par un fronton. Sur la saillie du socle l'auteur a placé le buste de Desaix, et sur les côtés deux urnes qui versent de l'eau.

N°. 97.

Quand on a bien défendu son pays, on vit dans la postérité.

Elévation de face et latérale.

Ce monument divisé en trois parties

représente dans la partie supérieure un tombeau , dans celle du milieu un socle quarré orné du buste de Desaix sur la face , et d'un bas-relief sur le côté ; la partie inférieure composée aussi d'un socle sert de fontaine.

N°. 98.

Pour un qui s'en louera, dix mille s'en plaindront.

Elévation , coupe , plan, et plan général.

Cippe soutenant une vasque entourée d'un bas - relief représentant la mort de Desaix , l'eau sort par quatre têtes de lion et tombe dans un bassin.

N°. 99.

Jupiter sur un seul modèle n'a pas formé tous les esprits.

Elévation principale , élévation opposée , coupe , plan, plan général, divers profils.

Tombeau quarré de forme allongée , dans la partie supérieure le buste de Desaix devant lequel est un aigle. Plus bas

deux Renommées soutiennent une inscription à laquelle une guirlande de fruits
est attachée. Entre le feston une tête de
fleuve verse de l'eau dans une cuve.

N°. 100.

Flebunt etiam ignoti. (Tacite.)

*Elévation principale, élévation latérale, coupe,
élévation perspective, plan, plan général, divers
profils.*

Monument quarré, de forme alongée,
terminé par un fronton dans la partie supérieure. Le buste de Desaix, deux jeunes
guerriers aîlés tiennent sur sa tête la couronne de l'immortalité. Dans la partie in-
férieureu,ne tête dans le feston d'une guirlande de fruit, jette de l'eau dans une
vasque.

N°. 101.

Labor improbus omnia vincit.

*Une élévation de la face principale et de celle op-
posée, une coupe et un plan.*

Monument quarré à antes,orné de deux

victoires couronnant le buste de Desaix, au-dessous une inscription, entre le socle servant de fontaine et le monument, un bas-relief retraçant l'action où Desaix perd la vie.

N°. 102.

Un cœur droit est le premier organe de la vérité.

Elévation principale, élévation latérale, coupe et plan.

Cippe sur la façade, la partie circulaire qui le termine en retraite est décorée de l'urne de Desaix, au-dessous une Renommée tient d'une main une trompette, de l'autre une couronne, le soubassement sert de fontaine.

N°. 103.

A vaincre sans péril, on triomphe sans gloire,

Plan et élévation.

Monument quarré soutenu par quatre Hermès, au milieu, une Renommée debout, sur une sphère d'où jaillit l'eau dans une grande coupe , qui alimente ensuite le bassin.

N°. 103 , *bis.*

Sur les armes des vaincus s'élève le monument à la gloire du vainqueur.

Modèle en bois et cadre sous le même numéro.

Elévation principale et lattérale avec le plan.

Monument quarré , terminé par un fronton. Sur la face un bas-relief représentant la victoire couronnant Desaix au moment de sa mort. Entre la partie inférieure et supérieure , un socle chargé de divers trophées. Le soubassement servant de fontaine reçoit l'eau de deux lions.

N°. 104.

Oui , ta fuite, injuste fortune , n'enlève rien à la vertu.

Elévation et plan.

Petit temple quarré avec un fronton en marbre, sur le stylobate le buste de Desaix , le stylobate orné d'inscriptions et de palmes , sur le socle servant de fontaine, une tête de lion jette l'eau dans une cuve.

N°. 104 , *bis.*

Virtuti.

Deux chassis sous le même numéro.

Elévation, coupe, perspective, plan et plan général.

Sur un tombeau s'élève une colonne funèbre de style égyptien ; des lauriers et des cyprès entourent le fût, trois têtes de fleuves sculptées sur le milieu du tombeau versent de l'eau dans une cuve.

N°. 105.

Aux mânes de Desaix.

Un cadre et un chassis sous le même numéro.

Elévation , la coupe, le plan et un plan général.

Monument circulaire entouré de cyprès, terminé par un hémisphère sur lequel est posée une figure aîlée , la face et le côté du monument sont ornés de figures et de bas-reliefs. Le soubassement quarré sert de fontaine.

N°. 106.

L'art retrace les actions des héros.

Un modèle en bois et plâtre.

Tombeau d'une forme alongée : sur la face, trois bas-reliefs représentant les principales actions de Desaix. Son buste est placé dans la partie supérieure du monument, dans celle du soubassement trois têtes jettent de l'eau.

N°. 107.

Activité, persévérance.

Modèle en bois et plâtre.

Dans un bassin circulaire, orné de trois fontaines correspondantes aux angles de la place, s'élève un cippe, sur lequel est placé la statue de la victoire, tenant un bouclier où est retracée la mort de Desaix.

N°. 107 , bis.

Figure en grand de la victoire, représentée en petit dans le numéro 107.

N°. 108.

Sept dessins sous le même numéro. Sans devise, et signés de leur auteur.

Plan, coupe, plan général et quatre élévations.

Temple exagone. L'intérieur décoré d'obélisques et d'un piédestal , portant le buste de Desaix; chaque face du temple , non pas dans la masse , mais dans ses détails, a un style propre à chaque contrée vers laquelle elle est dirigée. Trois fleuves posés conformément à cette idée, président à trois fontaines.

N°. 109.

Partem laudis habet qui meritis favet.

Six dessins sous le même numéro.

Plan général, plan du monument, quatre élévations.

Sur un grand soubassement servant de

E

bassin s'élève un obélisque triangulaire
orné dans sa partie inférieure de fleuves;
des mortiers jetant de l'eau, les diverses
faces sont tournées du côté de l'Italie, de
l'Allemagne et de l'Egypte , et sur le devant du bassin, du côté du Pont-neuf ,
on voit le buste de Desaix en relief.

Ne. 110.

Il fut vainqueur , il fut juste.

Trois cadres sous le même numéro.

Les deux élévations principales , le plan et un plan
général.

Monument dans le style égyptien. Les
deux faces principales ornées de bas-reliefs ; le côté du Nord représente la mort
de Desaix, le côté du Palais la conquête
de l'Egypte , les faces latérales sont ornées d'inscriptions, au-dessous des socles,
sur chacune des faces le Nord, et celles
opposées sont deux cuves, recevant l'eau
que jette une tête de fleuve.

N°. 111.

La France et l'Egypte ont été témoins de ses exploits.

Une élévation.

Monument quarré supporté par quatre colonnes d'ordre toscan posées sur un piédestal. Au bas une cuve reçoit de l'eau d'un crocodile et d'un castor. Sous ce petit temple l'urne de Desaix sur laquelle sont sculptées deux Renommées.

N° 112.

Sans devise.

Dessin intitulé par l'auteur, croquis d'un projet à la mémoire de Desaix.

Une élévation.

Tombeau orné de canons avec des chapiteaux ioniques ayant pour tailloirs les œuvres de *Vauban* et *Montalembert*. Ce monument est terminé par un mortier figurant l'urne cinéraire; la bouche de la fontaine en forme de canon et le robinet en poignée de sabre.

N. B. **La** flamme de la bombe serait en marbre rouge ainsi que les livres.

N° 113.

La noble jalousie est utile aux mortels.

Élévation, plan, coupe, plan général, construction de la cuvette.

Cippe surmonté du buste de Desaix, la base ornée de trophées, avec le nom des batailles où s'est distingué ce général, au-dessus, des guirlandes de chênes attachées à des mufles de lion qui jettent de l'eau, des inscriptions dans le feston de la guirlande de la face, les marques distinctives des grades du héros.

N°. 114.

Tout bon soldat trouvera dans Desaix un exemple à suivre.

Deux dessins sous le même numéro.

Monument dans le genre des bornes ou

Meta des Anciens. Un laurier en spiral qui s'élève jusqu'au haut du monument. Trois piédestaux supportant des fleuves, forment un soubassement, entre eux il y a des marches qui conduisent à un socle dodécagone.

N°. 115.

Le génie est indulgent.

Chassis et dessins sous le même numéro.

Plan et élévation.

Entre quatre piédestaux dont deux ornés de lions et deux de sphinx, s'élève un piédestal en forme de tombeau sur lequel une figure est assise dans l'attitude de l'affliction.

N°. 116.

La mort d'un héros est un élan vers l'immortalité.

Deux chassis sous le même numéro. Une élévation, une coupe et un plan.

Pyramide sous la partie tronquée, un

petit monument quarré dédié à l'immortalité, sous lequel est un globe sur un cube avec le nom de Desaix, du sein de la pyramide jaillissent quatre fontaines que reçoivent quatre bassins placés aux diverses faces du monument.

N°. 117.

Modestie et franchise.

Un modèle représentant un rocher, sur une base fortifiée servant de fontaine, et au-dessus un aigle.

N°. 118.

Les artistes grecs si vantés ne furent pas plus reconnaissans pour les services de Miltiade.

Modèle représentant Desaix sous un palmier. Le soubassement sert de fontaine, et est orné de conques et d'inscriptions.

N°. 119.

Omne tulit punctum qui miscuit utile dulci.

L'élévation, le plan et le plan général.

Monument quarré à ante d'ordre dorique , élevé sur un stylobate aux quatre faces ; à hauteur du socle , une cuve recevant de l'eau que jettent des têtes. Sur la face du monument, trois bas-reliefs séparés par un bandeau portant une inscription ; dans le tympan , une couronne entourant le portrait de Desaix.

N°. 120.

Ce monument conservera la gloire
De l'ami des humains, chéri de la victoire.

Elévation et plan.

Sur un socle décoré d'un bas-relief et servant de fontaine , s'élève un tombeau orné du buste de Desaix. Aux quatre angles , en avant du monument , il y a un cyprès dans une caisse , ajusté avec des boulets et des bombes.

N°. 121.

Les Grecs et les Romains honoraient la mémoire des héros.

Deux chassis sous le même numéro.

Elévation et plan général.

Un piédestal. Sur la partie supérieure ,

Desaix debout et appuyé sur son épée,
ayant sur la tête une couronne de laurier ;
Sur le dez, diverses inscriptions ; autour
du socle, une cuve servant de bassin pour
recevoir le jet de la fontaine.

N°. 122.

La patrie doit une statue à ses défenseurs.

Modèle en bois et plâtre.

Au milieu d'un bassin quarré, s'élève un
piédestal sur lequel est la statue de Desaix,
debout, et dans le costume français.

N°. 123.

Hic, virtus bellica gaudet.

La coupe et le plan général.

Temple quarré d'un style égyptien. Sur
l'attique qui couronne l'entablement, est
posée la statue pédestre de Desaix ; sur
le stylobate, une coupe, d'où l'eau tombe
dans le soubassement servant de fontaine.

N°. 124.

C'est célébrer dignement la mémoire d'un héros que
de publier les plus grandes actions de sa vie.

Deux chassis sous le même numéro.

Elévation et plan.

Hermes : La figure représente Desaix
couronné. Les faces de la gaine sont ornées alternativement de bas-reliefs et d'inscriptions. Une cuve servant de fontaine
entoure le monument.

N°. 125.

Son nom illustre, et l'éclatante victoire de Marengo,
sont à jamais unis.

Deux chassis sous le même numéro.

Elévation et plan.

Cippe sur lequel est représenté la mort
de Desaix. Le génie de la France soutient
ce héros que le coup mortel a frappé. Le
soubassement sert de fontaine.

(Les trois projets suivans sont venus après le terme de rigueur, le jury doit décider s'ils seront admis à concourir. La commission, ayant égard au zèle de leurs auteurs, a cru devoir les exposer provisoirement).

N°. 126.

Les arts transmettront à la postérité ton nom et tes actions , que tu en croyais indignes.

Elévation principale et plan.

Le général Desaix , couronné de lauriers , est représenté debout sur un piédestal , vêtu à la française. Le cylindre est orné de trois bas-reliefs ; un socle quarré sert de soubassement ; une figure de fleuve, dans la partie supérieure , sert de fontaine.

N°. 127.

Armé pour la guerre , il vainquit pour la paix.

Elévation de face et latérale , avec le plan.

Sur un stylobate de forme quarrée , s'élève un monument terminé par un fronton ; au-dessous , Desaix est représenté à cheval , au moment où il reçoit le coup mortel. Sur deux pilastres qui forment

avant - corps , sont deux figures allégoriques, représentant l'Egypte et l'Italie : le
soubassement sert de fontaine.

N°. 128.

Prudenter declinare blandientem ,
Et patienter ferre adversantem.

Une élévation et un plan sous le même numéro.

Monument quarré ayant deux pilastres
sur la face principale , supportant une
frise ornée de médaillons , décorée de bas-
reliefs dédiés au courage , à la justice , à la
clémence. Dans la partie inférieure , une
urne , placée sur un petit stylobate alongé ,
sert de fontaine.

A V I S.

On n'a pas exposé les devis et explications des
Projets que les Artistes ont envoyé sur feuille
volante ; ce qui aurait dérangé l'ordre de l'exposition. Lors de l'examen , ces objets seront mis sous
les yeux du Jury.

On a cru qu'il était convenable , pour bien jouir
de la vue des modèles , de les exposer de façon

que l'œil du spectateur se trouvât à la hauteur moyenne de quatre pieds, prise sur l'échelle du monument projeté. Lors du jugement, on pourra les ôter de leur place pour les examiner sur tous les points.

Faute à corriger.

Page 43, n⁰ 66, au lieu de *pyramide quarrée,* lisez *obélisque quarré.*

F I N.

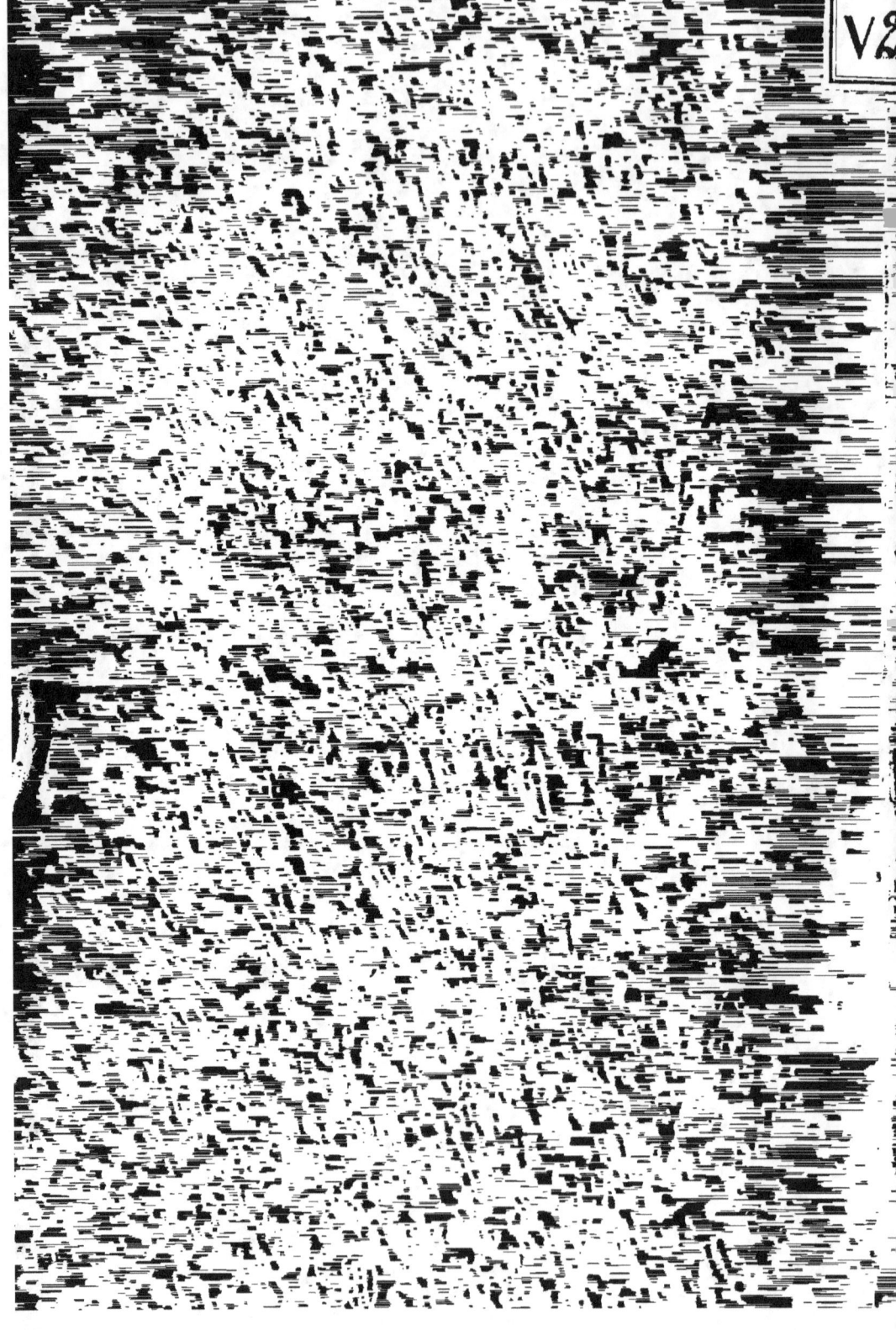

www.ingramcontent.com/pod-product-compliance
Lightning Source LLC
Chambersburg PA
CBHW071419220526
45469CB00004B/1343